CATÉCHISME

RÉPUBLICAIN

PAR LE CITOYEN LEROUX

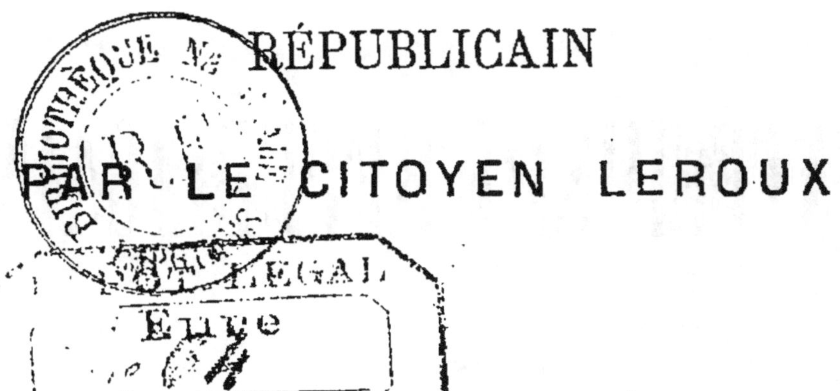

Prix : 10 centimes

EVREUX

IMPRIMERIE ET LITHOGRAPHIE CANU

25, rue Chartraine, 25

—

1870

CATÉCHISME RÉPUBLICAIN

Qu'est-ce que la République ?

La République est un gouvernement dans lequel tous les hommes jouissent au même degré des droits de citoyen.

L'intérêt de chacun en particulier s'accorde avec les intérêts de tous en général ; tout le monde, riche ou pauvre, a sa part du pouvoir, car tous les citoyens ont non-seulement le droit de nommer les députés, mais encore le droit d'être nommés eux-mêmes députés ou représentants à l'Assemblée nationale.

Qu'est-ce que l'Assemblée nationale ?

C'est la réunion de tous les citoyens choisis par les électeurs de la France, à l'effet de faire des lois et règlements de la République.

Quels sont les chefs de la République ?

Les chefs de la République sont ceux que choisit l'Assemblée nationale ; leur pouvoir n'est que temporaire.

Quel est le pouvoir de ces chefs ?

Ils n'ont d'autre pouvoir que d'exécuter les lois faites par l'Assemblée nationale qui, étant nommée par le peuple, représente le peuple dans toute sa souveraineté.

Qu'est-ce qu'une monarchie absolue ?

Une monarchie absolue est un gouvernement dans lequel une famille régnante et quelques familles privilégiées de courtisans exercent un pouvoir tyrannique et une influence toujours funeste.

Combien y a-t-il d'espèces de royautés ?

Deux : la monarchie absolue et la monarchie constitutionnelle.

Qu'est-ce que la monarchie absolue ?

La royauté absolue laisse à un seul homme le pouvoir exclusif, et sans aucun contrôle, de disposer de la vie, de la fortune et de la liberté des citoyens, qui, sous ce gouvernement, s'ap-pellent sujets, c'est-à-dire soumis à la tyrannie et à la fantaisie du monarque.

Citez-nous un exemple des dangers de la monarchie ?

On peut citer l'empereur Nicolas, tyran de la Russie. C'est lui qui fit égorger nos frères, les Polonais, quand ils osèrent parler de liberté.

Cette royauté existait-elle en France ?

Oui, elle a existé jusqu'en 1789 : ce fut notre première révolution.

Qu'est-ce qu'une monarchie constitutionnelle ?

C'est une forme de gouvernement dans lequel le pouvoir est partagé par un roi et par deux assemblées. Ce gouvernement a existé en France depuis 1815 jusqu'en 1848.

Donnez-nous quelques explications à ce sujet ?

Les deux Chambres s'appelaient, l'une Chambre des Pairs, l'autre Chambre des Députés ; la première était nommée par le roi ; la seconde par les citoyens privilégiés les plus riches ou ceux qui payaient le plus d'impôts.

Que résultait-il de cela ?

Il résultait de cela que la Chambre des Pairs était toujours de l'avis du roi, qui la nommait lui-même, et de ses ministres qu'il choisissait à son gré, de façon que de ces trois pouvoirs, deux étaient toujours inévitablement du même côté ?

Et la Chambre des Députés ?

La Chambre des Députés était le seul pouvoir qui aurait pu offrir quelques garanties d'indépendance ; mais ces garanties elles-mêmes étaient presque nulles à cause du vice de la loi électorale.

Expliquez-nous cela ?

Pour être électeur il fallait payer au moins deux cents francs de contributions, et pour être éligible il fallait en payer cinq cents, de sorte que les petits propriétaires et les petits commerçants, les ouvriers, le peuple en un mot, ne prenaient aucune part à l'élection des députés de la France, qui compte 35 millions d'habitants; il n'y avait guère que deux mille électeurs, un électeur pour 175 habitants.

Qu'arrivait-il de cet état de choses ?

Il arrivait que les députés, nommés seulement par les riches, ne s'occupaient nullement des intérêts des pauvres.

Etait-ce là tous les vices de ce système ?

Non, il en existait encore une foule d'autres. Ainsi, un député pouvait être en même temps fonctionnaire du gouvernement, de sorte que pour obtenir des places ou de l'avancement, les députés trafiquaient de leur conscience et de leurs votes ; c'est ce qui explique cette corruption monstrueuse qui avait envahi le pouvoir, faisant accorder les emplois publics non pas au mérite et à l'intégrité, mais à l'intrigue et à la cupidité.

Quelle était la rétribution de la famille royale ?

La Nation payait au roi une liste civile de douze millions qui ajoutée à ce que l'on appelait les biens de la couronne du domaine privé, formait un total de soixante millions environ pour la seule famille royale, soit, près de deux cents mille francs par jour.

Etait-ce tout ?

Non, car à chaque naissance où à chaque mariage de prince ou de princesse, — et dans ces familles ces choses n'étaient pas rares — le roi faisait demander des suppléments, c'est ainsi qu'à une époque plus éloignée, la nation a paye un million de dot pour le mariage de la fille aînée de Louis-Philippe, à peu près autant pour le mariage de feu le duc d'Orléans, plus pour celui-ci, pendant son vivant, une dotation qui a été en partie reversible sur ses enfants, de sorte que Louis-Philippe qui était le plus riche propriétaire du monde, ne rougissait pas de mendier de l'argent pour marier ses filles, et les Chambres cédaient à ses coupables demandes.

Mais c'était une abomination ?

Oui? aussi la Nation lassée de se voir toujours trompée par les rois absolus ou constitutionnels, vient de chasser le dernier et jure de ne plus en reprendre.

Quels sont les avantages d'un gouvernement républicain?

Dans une république il n'y a plus de roi ni de famille royale, conséquemment, plus de liste civile, plus de princes à marier, plus de princesses à doter, plus d'aides-de-camp d'antichambre, plus de chambellans, plus de courtisans, plus de haute valetaille, plus de laquais à nourrir et à payer pour ne rien faire ; la suppression de tous ces abus permettra de diminuer tous les impôts : les biens de la couronne appartiendront à la Nation.

Mais il faudra bien payer ceux qui gouverneront le pays ?

Sans doute, mais non plus dans les mêmes proportions : les gros traitements des fonctionnaires seront diminués, les emplois inutiles seront supprimés. La république donne à ses fonctionnaires une juste rémunération du temps qu'ils consacrent à la servir, mais elle ne donne à aucun d'eux le moyen de s'enrichir scandaleusement — il y a plus de dévouement et plus d'honneur pour les employés que de véritables profits.

Quelle est la devise de la République ?

Égalité, liberté et fraternité.

Ces mots ne se trouvent-ils pas déjà dans l'Evangile.

Oui, le Christ les a prononcés, ils sont la base de la religion chrétienne.

Pourquoi donc a-t-on tant tardé à les comprendre ?

Parce qu'il y a toujours eu des hommes intéressés à tromper leurs semblables; l'ignorance accompagne et produit inévitablement l'esclavage et la misère ; une nation ne devient libre que lorsque la majorité des citoyens comprend les vérités qu'on lui cachait.

Qu'entendez-vous par le mot Liberté.

La liberté consiste à faire tout ce qui n'est pas défendu par les lois, et comme sous une

République les lois sont faites par tous, et pour tous, elles sont aussi larges et aussi tolérantes que la raison le permet ; la liberté est l'exercice des droits que l'homme possède, mais elle n'exclut pas le sentiment des devoirs de citoyen ; le devoir et le droit se confondent dans l'acte le plus important de la vie d'un citoyen.

Quel est cet acte ?

Celui de choisir les représentants du peuple à l'assemblée nationale, c'est non-seulement un droit, mais un devoir de se présenter à l'assemblée des électeurs et d'y apporter son vote ; l'indifférence, dans ce cas, serait un acte répréhensible et coupable.

Dans quelles dispositions un citoyen doit-il se présenter à l'assemblée des électeurs ?

Dans des dispositions d'indépendance et de liberté entière ; il doit apporter à l'examen des candidats tout le calme, tout le bon sens, toute l'intelligence dont il est capable et n'écouter que sa conscience.

Résumez plus simplement les devoirs d'un républicain ?

Un républicain doit partout et toujours régler sa conduite sur cette grande et sublime maxime de l'évangile : « Ne faites pas à autrui ce que vous ne voudriez pas qu'il vous fût fait », ou plutôt il doit faire aux autres ce qu'il voudrait qu'on lui fît, car ce n'est pas assez de ne pas faire le mal, il faut encore faire le bien quand on le peut.

Comment appelez-vous ce principe ?

Celui de la fraternité.

La liberté et la fraternité marchent donc ensemble ?

Oui, l'une ne peut réellement marcher sans l'autre ; car si on avait la liberté de porter atteinte, soit aux personnes, soit aux propriétés d'autrui, l'on violerait le beau précepte que nous avons cité plus haut, et les hommes ne vivraient plus en frères.mais en ennemis.

Parlez-nous maintenant de l'Egalité.

L'Egalité républicaine efface les distinctions qui ont existé jusqu'à ce jour dans les droits de l'homme, entre les pauvres et les riches, du moment que tout le monde est électeur et peut être élu, il y a donc égalité réellement devant la loi.

Est-il possible d'appliquer cette égalité à toutes les conditions sociales des hommes?

Non, cela n'est pas possible, parce que la nature a des lois que nulle puissance, nulle sagesse humaine ne peuvent détruire.

Expliquez-nous cela ?

Les hommes ne naissent ni avec la même santé, ni avec la même intelligence, ni avec le même tempérament, ni dans les mêmes conditions de fortune, ils ne peuvent donc être égaux en tout.

Ne serait-il pas possible d'égaliser les fortunes ?

On n'y réussirait jamais, car si on partageait la terre entre tous les hommes ce serait d'abord un attentat aux droits et aux libertés que nous venons d'expliquer, et de plus, les ignorants, les paresseux, les ivrognes et les joueurs auraient bien vite dissipé leur part.

L'agriculture, le commerce, l'industrie seraient alors négligés ou plutôt anéantis, nous tomberions dans l'anarchie et tous les hommes seraient malheureux.

Qu'entendez-vous par ce mot anarchie ?

Ce mot signifie l'absence de toute loi et de toute organisation, c'est le pillage, le désordre, le brigandage sous toutes ses formes et avec tous ses excès ; il n'y a plus de sécurité pour personne.

Où conduit l'anarchie ?

Elle conduit à l'abrutissement et à l'esclavage, car après que les hommes se sont affaiblis en se pillant et en s'entr'égorgeant, les ennemis arrivent, ils s'emparent du territoire et soumettent le peuple à leur joug ; nul ne peut résister, puisqu'il n'y a plus ni force ni discipline.

Ces malheurs sont-ils à redouter en France ?

Non, Dieu merci; en France tout le monde est intéressé à maintenir l'ordre et la bonne harmonie qui règnent dans la société; chacun tient à conserver la parcelle de bien qu'il possède, avec du travail, de la conduite et de bonnes lois on peut vivre tranquille, élever sa famille, faire honneur à ses affaires et soulager ses frères.

N'y a-t-il pas des réformes a opérer ?

Oui, sans doute, et de très-grandes.

Indiquez-nous-en quelques-unes ?

Dabord, il est juste de mieux répartir les impôts de telle façon qu'ils atteignent le riche, et qu'ils épargnent le pauvre ; il faut en outre organiser le travail, car toute personne doit trouver du travail pour vivre quand elle est en santé et a droit à des moyens d'existence quand les maladies, les infirmités et la vieillesse viennent paralyser ses forces.

Comment se réaliseront ces réformes ?

C'est l'assemblée nationale qui le décidera, mais dès à présent on sait que le gouvernement républicain a le projet de créer de grands ateliers nationaux où seront admis tous les travailleurs que n'emploie pas l'industrie privée ; ces ateliers seront assez variés pour que chaque corporation d'ouvriers y trouve l'emploi de sa spécialité, les femmes, les enfants, les viellards eux-mêmes, un travail proportionné à leur force, tout le monde en un mot travaillera chacun à sa manière : le travail est une vertu républicaine, l'oisiveté est un vice méprisable sous tous les gouvernements, mais surtout sous celui de la république.

Où iront ceux qui seront trop faibles ou trop vieux pour travailler ?

Dans des asiles particuliers. On ne verra plus de malheureux obligés pour ne pas mourir de faim d'implorer la charité du passant, la mendicité est une honte pour la société, le malheureux est humilié par l'aumône, mais il n'a plus à rougir du moment que son admission dans un asile est un droit que la loi lui accorde.

Ne faut-il pas être éclairé pour comprendre la liberté.

Oui, car l'ignorance conduit à l'oppression et à l'immoralité.

L'instruction sera-t-elle générale?

Oui, l'instruction sera générale parce que ce sera le meilleur titre à ses concitoyens.

Quel sera le sort des instituteurs?

Les instituteurs seront traités avec tous les égards qui leurs sont dus.

Ce sont eux qui instruisent les enfants du peuple, ils rendent ainsi des services que la république saura récompenser convenablement.

Quelle est la religion d'un républicain.

Un républicain honore et respecte toutes les religions comme étant des formes différentes d'une pensée commune qui rattache l'homme à Dieu créateur de toutes choses, qui récompense les bons et punit les méchants.

Pourquoi un républicain respecte-t-il toutes les religions.

Parce que le plus souvent les hommes n'ont pas été maîtres de leur choix. C'est le hasard qui fait naître dans telle ou telle religion, on naît catholique en France, protestant en Angleterre, mahometan en Turquie : les habitants de ces divers pays n'en doivent pas moins se considérer comme enfants du même Dieu et s'aimer comme des frères.

N'y a-t-il pas encore une autre cause de cette tolérance ?

Oui, c'est parce que ces religions enseignent à peu près la même chose.

Quelle est cette morale ?

Celle de l'honnête homme qui défend le vol, le meurtre, la haine, le mensonge, et qui recommande la charité et la fraternité.

Quel est le meilleur livre en religion ?

L'évangile, parce qu'il proclame la liberté, l'égalité et la fraternité.

Les livres des autres religions ne prêchent donc pas la même chose ?

Pas aussi complètement ; pourtant ils contiennent des préceptes sages et raisonnables.

Que pensez-vous du clergé ?

Qu'il a le droit à tous nos respects, lorsqu'il ne s'écarte pas de ses devoirs.

Que pensez-vous des ministres des autres religions ?

Qu'ils sont également respectables.

Qu'est-ce que l'armée ?

L'armée est une réunion de citoyens désignés par le sort, et qui restent constamment armés, organisés et disciplinés pour la défense du pays.

N'a-t-elle pas encore servi à d'autres usages ?

Les rois l'ont souvent employée à opprimer

leurs peuples, parce qu'ils trompaient le soldat et corrompaient leurs chefs à force d'argent.

Ceci n'est-il plus à redouter ?

Non, ceci est impossible sous une république, parce que citoyens et soldats ont tous la même origine, les mêmes intérêts, conséquemment le même esprit.

Sous la république, professe-t-on les arts et les sciences ?

Certainement, car les sciences, le commerce et les arts sont indispensables à la gloire et aux besoins d'un peuple.

Quelle est la plus utile des sciences?

Celle de l'agriculture.

Pourquoi ?

Parce qu'elle assure l'existence et la durée des peuples, elle rend les hommes meilleurs d'esprit et plus vigoureux de corps ; une Nation qui honore et respecte l'agriculture est assurée de longues et d'heureuses destinées.

Quelle est la conclusion de ce que nous venons d'entendre?

La conclusion de tout cela est que sous la monarchie absolue, le peuple est esclave, sous la monarchie constitutionnelle, le peuple est délaissé, sous la république il est souverain, et qu'alors il faut serrer nos rangs et crier :

Vive la République !

Le citoyen LEROUX.

www.ingramcontent.com/pod-product-compliance
Lightning Source LLC
Chambersburg PA
CBHW061034090726
47597CB00014B/4245